Melchior

Ku

sel

Von Himmeln entzündete und durch allgemainen Zuruff der

Erde sich himmelwerts

erschwingende Frolokhungs Flammen

Melchior
Ku
̈
sel

Von Himmeln entzündete und durch allgemainen Zuruff der Erde sich himmelwerts
erschwingende Frolokhungs Flammen

ISBN/EAN: 9783337321338

Hergestellt in Europa, USA, Kanada, Australien, Japan

Cover: Foto ©ninafisch / pixelio.de

Weitere Bücher finden Sie auf **www.hansebooks.com**

AEIOV

Von

Himmeln

Ent-

zindete

Vnd

Durch

Allgemainen
zuruff der erde sich Himmelwerts erschwingende
Frolockhüngs Flammen
Zur Begengnüs des Hochzeitlichen beylägers Beeder
Khaiserlichen Maiestäten
Leopoldi des Ersten Römischen Kaisers auch
Zu Hungarn vnd Boham Königs, Erzhergogen Zu
Oesterreich. etc. Vnd
Margarita geborne Infantin
aus Hispanien
1666.

Melchior Küsell fec. Viennæ Austr. 1666

INHALT.

ES haben bißhiehero alle andere Elementen mit Freud-zeugender Befrolockung
deß Käyserlichen Beylägers/vnd ansehen-
lichisten Hochzeit-Festes / sich dienstbar
hervor gethan/die Wasser mit Anherolai-
tung so viel frember Lust-vnd Genus-Anstalten/die Erde mit Darstellung vnderschiedlicher Freudenhandlun-
gen/der Lufft mit Nachhallung deß allgemainen verein-
barten Juchzens vnd Zueruffens/vnd dann alle drey/nach
Anführung der Allerdurchleuchtigisten Braut/mit Dar-
raichung zu dieser Begängnuß alles dessen was sie kostbar/
selten-vnd angenemes haben.   Nun kommet auch das
Feur (ein Sinnbildt der Freuden / vmb daß weder ein
noch anders deren sich leichtlich verbergen last) nicht ohne
sonderbare Vorsehung / als das raineste der Elementen
von denen Himmeln vnd Erden erwehlet / die auch raineste Zunaigung einsen / vnd flammende Vnterthänigkeit
des anderen hierdurch vorzustellen.   Diese Freudenfest
vnd deren Erfolge desto vollkomener zu beglücken / schicket Jupiter die Lieb / den Kriegsschmidt Vulcan zu ver-
jagen/ die Waffen in stücken zu brechen / vnd vermitls dieser erfreulichisten Vermählung einen vnerbrechlichen Frie-
den zubestätten / wie auch Herculem alle Mißbeliebun-
gen oder Vngemach zu vertilgen / vnd dann seinen Adler/
auff dem rainen Opffer-Altar/ das ist in denen treugehor-
sambisten Hertzen deren Käyser: vnd Königlichen Reiche/
Ertzhertzogthumb vnd Länder die Flammen deren vn-
derthänigster Ergebung / desto verbündlicher zu entzün-
den; Welche folgent/in Ansehung deß zu liebe der seinigen

A   sich

sich selbst verzehrenden Phenir / als Ihrer Mayestät hierdurch vorgebildeten Käyser: vnd Landsfürstlichen Allergnädigisten Hulde Schutz vnd Naigung/solche Ihre Gemüthsflammen mit allgemainen Zueruff vnd allerunterthänigisten Anwünschungen Beeder Ihrer Mayestäten immerwehrender höchster Glücks-vnd Freudenbeseeligung / einhellig denen Himmeln zusenden ; Allwohin zugleich die Lieb den Guldenen Mähelring/in dem Schatz der Ewigen Beglückung zu verwahren / mit sich führet.

Der hierzu erküste Platz ist nechst vor der Käyserlichen Burgg/gleich ausser der Haubt: vnd Residentz-Statt Wienn/an dem Graben/der neben selbigem Thor ligenden Pastey / allwo die samentlichen Freuden-Gerüste auff einer flachen weiten Ebne / jedes nach gebührender Maaß vnd Grösse auffgerichtet / also zwar daß deren beede Berge/so in die 440. Werckschuech weit von einander stehen / jeder 60. in der Höhe / vnd 216. deren in dem Vmbkraiß/ wie auch der Tempel vornenher mit denen Ziergängen die braite von 230. Schuch / dann die Höhe ausser der Statuen vnd Piramiden von 35 / samt der Kupel aber von 95. Schuchen in sich begreiffen.

Vnd ist dieses Feuerwerck auff Anordnung Herrn Ernsten Graven von Abensperg vnd Traun/dero Röm: Käyserl: Mayestät Gehaimen Rath/als General Cand- vnd Hauß Zeugmaistern rc. durch Bartholme Peißker Käyserlichen Stuck-Haubtman vnd Zeugwart der Vestung Glotz verfertiget / vnd den   December dieses Eintausent Sechshundert Sechs vnd Sechtzigisten Jahrs in seinen Flammen / wie hernach beschrieben / dargestellet worden.

Erster Theil.
Flammende Anlaitung.

1. Vor dem erküsten Freudenplatz erscheinet der geflügelte Mercurius mit der von seinem gewöhnlichen Friedens= zeichen umbgebenen Hochzeit=Fackel in der Hand/auff Befelch der Götter die hieroben entzündte und vorgesehene Käyserliche Ver= mählungs Flammen der Erde anzukünden / welcher dann/nachdeme vorhero Ihre Käyserliche Mayestät auß dem Burggfenster ermelte Fackel selbste anzuzünden be= liebet/solche Freude mit einer grossen Anzahl von unge= fehr 500. allerseits sich erbraitend= und steigender Feuer zu allgemainer Befrolockung der gantzen Welt darstellet und kundbar machet.

2. Diesem zufolge werden alsobalden zu Bezeu= gung aller Orthen beystimmender Freuden auff beeder= seits nechstligenden Pasteyen dreissig theils gantze / theils halbe Carthaunen gelöst/deren Knallen die under= schiedlicher Orthen Rheyenweis erschallende Trombe= ten und Heerpaucken beglaiten.

3. Sodann erzündet sich einer seits der Berg Etna mit hellbrennenden Flammen in der Höhe / auch andern hin und wieder außfahrenden krachenden und Stern Feuern/zu dessen Fusse die dreyfache Hölle deß Vulcan zusehen / worinnen Er mit seinen Schmidtgesellen aller= hand Kriegswaffen beraitet / welche selbige so dann ver= mitls etlicher Lustkuglen/ auch einer Salve von 3000. Mußqueten Schüssen/ und anderen knallenden Waffen= gethöne darthuen.

A 2

4. Hier=

4. Hierauff kommet Cupido durch die Lüffte der Schmidthöllen zuegeflogener / von dannen Er den Vulcan sambt seinen Gesellen verjagt / vnd die Waffen in stucke bricht / alsdann daselbst den Guldenen Wählelring schmidet / welchen er nach der Verfertigung mitten in der Höhe deß Luffts der allgemainen Befrolockung ein zeitlang vorstellet / vnd endlich mit sich denen Himmeln zueführet / Selbigen allda zu ewiger Beglückung zu verwahren.

5. Anderer seits zaiget sich voll Freudenflammen der zweyspitzige Berg Parnaß / auff welchen die Neun Mousen als Kunst: vnd Freuden Göttinen jhre erschallende Beystimungen vermitls angenemer Mousic erbraithen; Demenach der gantze Berg in Freude entbrinnet mit Außwerffung allerley Pumpen-Steren- vnd anderen hellbrennenden / vnd steigenden Feuren / auch tausent Köglen mit jhren außfahrenden Schlägen. Welche der Welt angekündte Freuden der helltringende Trompet: vnd Paudenschall verrer ersetzet.

Anderter Theil.
Flammende Darstellung.

1. JN Mitte deß Freudenplaßes befindet sich jederseits ein Ehren-Gerüste von zwey neben ein ander auffgerichten / mit zierlichen Bogen geschlossenen Seulen / auff deren jeden ein Hertz / eines mit dem Buchstaben L Leopold / das ander mit dem Buchstaben M Margarita / welche / nachdem sie der Vermählungs Gott Hymeneus angezündet / in hellrainen Flammen / wie auch beneben die Seulen immerzu mit vielen Kunstfeuren spillendt gesetzet werden.

2. Inzwischen kommen auß dem Berg Etna ein Anzahl Roß-Menschen oder Centauren hervor / welche Hercules auff Befelch deß Jupiter mit seinen Wiederstandt / auch verschiedenen Gefechte bestreittet / vnd in dapfferer Verfolgung auß dem Feld treibet.

3. Dann so erscheinet rechter Hand das Ertzhauß Oesterreich / vnd lincker Handt das Spanische Castell / auß deren jeden 1000. Raggeten in die Höhe steigen / vnd nach selben die Buchstaben V A Vivat Austria, auff einem / dann V H Vivat Hispania, auff dem anderen sich zaigen.

4. Ingleichen werden jederseits 100. Böhler nach einander angezündet / deren außwerffende Lustkuglen

sich

ſich in dem Lufft mit etlich tauſent Schlägen hören / ſo
dann die Buchſtaben V L Vivat LEOPOLDUS, vnd
V M Vivat MARGARITA ſehen laſſen : Welche
Darſtellung abermahlen die Trompeten vnd Heerpaucken frolocent beſchlieſſen.

A E I O V

Dritter Theil.
Flammende Anwünschung.

I. ZU Eusserste deß Platzes wird so dann der Tempel deß Ehe-Gotts Hymene gesehen / zu dessen Beleichtung ein Anzahl hellbresiende / auch Stern; vnd andere Feuer sich von aussen hervorgeben.

2. Zu Darthuung der Himmeln mit dero hochen Beglückungs Seegen vorgesehener Beykommung / schicket Jupiter seinen Adler von oben herab / auff dem hierzue auffgerichten Altar offentliche Freudenflammen anzuzünden/ welche mit hellbrinnenden Glantz daselbsten in die Höhe steigen.

3. Hierauff erscheinet ober dem Tempel mitten in denen Flammen der Phenix/ als ein Sinnbild Ihrer Käyserlichen Mayestät gegen dero Allerunderthänigisten Vasallen vnd Vnderthanen tragenden Allergnädigisten Vorsorg vnd Naigung.

4. Deme / zu Bezeugung der allgemainen Frolockungen/die in denen Bildnussen / Seulen / Piramiden vnd Gebäwen deß Tempels vorgestellte samentliche Königreich vnd Erbländer mit häuffig allerseits ersteigenden Flammen beystimmen. Vnd zwar spillen erstlichen auß jeder ob dem Tempel stehender Bildnuß / deren Neun-vnd dreissig seynd / vber fünff hundert/vnd also auß allen selbigen in die 20000. außfahrende Feuer / nicht weniger auß denen drey vnd dreissig Piramiden / neben denen auff deren Knöpffen zur Beleichtung erscheinenden hellen Flammen/auß jeder vber siebenthalb hundert/deme nach

nach ins gesambt bey 22000. wie ingleichen auch auß denen siben vnd zwaintzig Seulen / auß jeder in die tausent vnd auß allen zusammen bey 27000. gleichmässig außfahrende Feuer; Worneben dann besagtes Gebäw mit fünffhundert Feuerpumpen / deren jede sechß / vnd also alle zusammen 3000. Sterenfeuer in die Lufft werffen / zu verrer Beleichtung besetzt ist. Vnder welchen Feuer-Spillungen 1000. Raggeten beederseits in die Lufft steigen / vnd sich mit ihren eingesetzten eisenen Schlägen daselbsten hören lassen. Also daß in dem Gerüste dieses Teinpels in die 73000. allerhandt außfahr- vnd steigende Luftfeuer begriffen / deren Freudengethöne / folgent sechß auß denen Böhlern steigende Kuglen beschliessen.

5. Endlich steigen zugleich 300. Raggeten jede zu drey Pfund in die Höhe / nach welchen die Buchstaben A. E. I. O. V. Austria Erit In Omne Vltimum. in dem Lufft verbleiben. In deren wehrender Brenung zehen grosse Triumphkugeln auß Böhlern geworffen werden / deren eine die Caliber von zwey- die andere von drey hundert Pfundt Stein halten / vnd in dem Lufft sich mit etlich tausent Schlägen vnd Handtgranaten hören lassen.

6. Dann so gehen auch 30. grosse Raggeten in die Lufft / deren zehen jedes 50. die anderten zehen jedes 100. vnd die letzten jedes 150. Pfund in dem Gewicht halten.

7. Zum Beschluß werden wiederumben auff vorigen Pasteyen dreissig theils gantze / theils halbe Carthaunen gelöset.

L N O L.